pílulas de
AMOR

ANDREI MOREIRA
*Espírito
Dias da Cruz*

órgão editorial
Associação Médico-Espírita de Minas Gerais

pílulas de
AMOR

InterVidas

Catanduva, SP · 2025

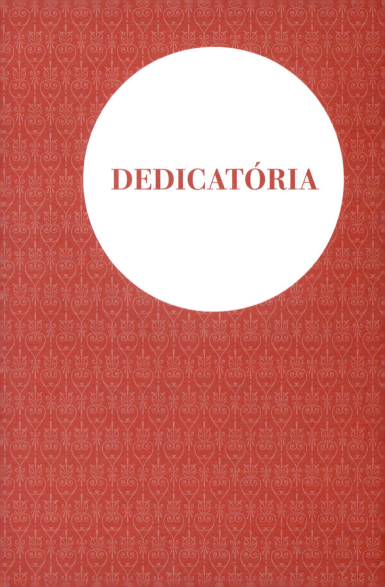
DEDICATÓRIA

Dedico esta obra a todos aqueles que têm sede da água da vida, aquela que brota da fonte profunda de si mesmo, onde reside o divino. Que estas páginas sejam um recipiente sagrado que leva aos lábios ressequidos o líquido da vida, fortalecendo o melhor de cada um para a saúde do corpo e da alma.

AMOR
1 CORÍNTIOS, 13:1-13

" **A**inda que eu falasse as línguas dos homens e dos anjos, e não tivesse amor, seria como o metal que soa ou como o sino que tine.

E ainda que tivesse o dom de profecia, e conhecesse todos os mistérios e toda a ciência, e ainda que tivesse toda a fé, de maneira tal que transportasse os montes, e não tivesse amor, nada seria. E ainda que distribuísse toda a minha fortuna para sustento dos pobres, e ainda que entregasse o meu corpo para ser queimado, e não tivesse amor, nada disso me aproveitaria.

O amor é sofredor, é benigno; o amor não é invejoso; o amor não trata com leviandade, não se ensoberbece. Não se porta com indecência, não busca os seus interesses, não se irrita, não suspeita mal;

Não folga com a injustiça, mas folga com a verdade;

Tudo sofre, tudo crê, tudo espera, tudo suporta.

O amor nunca falha; mas havendo profecias, serão aniquiladas; havendo línguas, cessarão; havendo ciência, desaparecerá; [...]

Agora, pois, permanecem a fé, a esperança e o amor, estes três, mas o maior destes é o amor."

SUMÁRIO

P — PREFÁCIO — 20

1 — PÍLULAS DE AMOR — 24

2 — AMOR, ESTRUTURA DO SER — 28

3 — AMOR CEGO E AMOR LIVRE — 32

4 — CARIDADE, O AMOR EM AÇÃO — 36

5 — VÍCIOS E VIRTUDES — 40

6
AMOR
DIGNIDADE
44

7
DIGNIDADE
II
48

8
O PODER DA
COMPAIXÃO
52

9
SEJAMOS
GRATOS
56

10
AMOR
ESPERANÇA
60

11
AMOR
CARIDADE
64

12
CARIDADE: MEDICAÇÃO PARA A ALMA
68

13
AMOR, FORÇA CURATIVA
72

14
A MULTIPLICIDADE DO AMOR
76

15
OUVE, ESPERA, CONFIA
80

16
HUMILDADE
84

17
FOGO SAGRADO
88

18 AMOR RECONCILIAÇÃO 92

19 AMOR RENOVAÇÃO 96

20 SERVE AGORA 100

21 EIS O HOMEM 104

22 AMOR DESAPEGO 108

23 O DESERTO PESSOAL 112

24
TRABALHO
E MISERI-
CÓRDIA
116

25
AMOR
RESPEITO
120

26
PROVAS
124

27
AMOR
128

28
FALA COM
AMOR
132

29
AMOR
LIMITE
136

30
REENCAR-
NAÇÃO
E AMOR
140

31
AMOR: MO-
SAICO DE
SENTIMENTOS
144

32
AMOR
PERDÃO
148

33
HIGIENE
MENTAL
152

34
AMA SEM
EXPECTATIVA
156

35
AMOR
GRATIDÃO
160

PREFÁCIO

"Agora, pois, permanecem a fé, a esperança e o amor, estes três, mas o maior destes é o amor."
1 CORÍNTIOS, 13:13

P

A palavra lúcida do apóstolo da gentilidade nos apresenta um estudo profundo acerca do amor em sua epístola aos coríntios, legando à humanidade um tratado de percepção do essencial e do sagrado. Inspirados em suas palavras, enfeixamos um conjunto de mensagens simples, baseadas no evangelho à luz do espiritismo, nas três obras que constituem a série "Pílulas". O versículo final de Paulo no capítulo 13 de sua primeira carta aos coríntios foi nossa inspiração a fim de ofertarmos nossa colaboração para a promoção da saúde física e espiritual de nossos irmãos.

Com estas mensagens encerramos a série proposta falando do amor, síntese da vida e expressão maior do Criador, que tudo dignifica e plenifica, rogando a Jesus que nossas palavras simples, nascidas da experiência e da inspiração, possam calar fundo na intimidade de seu coração, estimulando em você o melhor de sua natureza.

Ofertamo-lhes este opúsculo singelo qual espelho de tua essência a fim de que se vendo refletido na descrição do amor livre que a tudo plenifica, possa libertar-se mais prontamente para uma vida de realizações superiores nas quais brilhe a luz de tua singularidade em cumprimento ao mandato de Deus para sua existência.

PÍLULAS DE AMOR

bebe, a cada dia, uma pílula desse amor
que te conecta ao essencial, e deixa fluir
de ti a linfa pura que carreia vida

1

O trabalho do homem na existência é reconhecer-se filho de Deus, criado no amor e para o amor em que vive sempre mergulhado, desde aquele que lhe é estrutura de vida até o que flui na relação com todos aos quais se vincula e o que sustenta o universo no qual cada ser se insere.

Não é possível ao Espírito afastar-se plenamente do amor, senão negá-lo momentaneamente, na exaltação do ego e das defesas psicológicas perante as dores existenciais, adiando sua expressão em sintonia com as fontes superiores. Esse movimento de negação ocasiona-lhe a angústia existencial decorrente da falta de nutrição profunda, embora a fonte de abundância esteja latente em sua intimidade, qual reservatório de vida, a aguardar o tempo certo de maturação psicológica e espiritual que lhe permita expressão.

Sedento de paz e de realização interior, o homem busca fora o que lhe é abundância interior, e permanece desnutrido, exigente, pois que projeta exteriormente as expectativas de plenitude que só podem vir-lhe de dentro para fora.

No entanto, chega sempre o tempo da maturidade e do despertamento em que a ilusão da matéria se dissipa e com ela as expectativas irreais, cedendo lugar à conquista interior e à descoberta do manancial de vida que existe na intimidade de cada ser, oriundo da fonte que lhe criou à Sua imagem e semelhança.

Bebe, pois, a cada dia, uma pílula desse amor que te conecta ao essencial, e deixa fluir de ti a linfa pura que carreia vida e nutrição para tua alma e a daqueles aos quais é chamado a servir.

AMOR, ESTRUTURA DO SER

o amor é a estrutura natural que define o ser, qual lençol freático a nutrir-lhe desde o mais profundo recanto da alma

2

O amor é a fonte primeira e a finalidade existencial do homem e de toda a criação. Vibra-lhe na intimidade qual fulcro potente de vida e vigor, conduzindo-o à realização plena de suas potencialidades, no tempo.

O amor é a estrutura natural que define o ser, qual lençol freático a nutrir-lhe desde o mais profundo recanto da alma até superficializar-se em fonte abençoada que gera vida e dessedenta os seres.

Para que o amor aconteça, é necessário que o ego, carapaça rígida protecional e organizacional da encarnação transitória, permita as brechas necessárias em sua estrutura para o fluir da fonte essencial que dá origem aos mananciais de força e vigor que alimentam o ser e a vida ao seu redor.

Quando o ser se reconhece Espírito imortal e se analisa à luz da reencarnação e do progresso, reconhecendo-se fruto singular do amor de Deus, ele se permite conduzir na vida como tal, favorecendo a sintonia psíquica ampliada com a fonte afetiva luminosa de sua intimidade amorosa que flui sem cessar.

A estrutura de amor que lhe caracteriza a essência passa, então, a ser-lhe realidade existencial potente ao invés de latente, transformando-se em fonte de paz e alegria em sintonia com o amor maior que é a natureza do próprio Deus.

AMOR CEGO E AMOR LIVRE

o amor livre promove crescimento e ampliação de consciência e vida; o amor cego é o vínculo e conexão do ser em desarmonia de função e postura dentro de seu sistema

3

O amor é a realidade existencial sempre em atividade no mais profundo do ser, por debaixo das camadas de defesa psíquica e afetiva estruturadas pelo Espírito de acordo com a sua posição evolutiva e visão de vida.

Ele direciona o ser, consciente ou inconscientemente, na conexão com seres, circunstâncias e realidades com as quais se sintoniza no transcurso das experiências encarnatórias.

No entanto, há que distinguir o amor livre, que promove crescimento e ampliação de consciência e vida, do amor cego, segundo as conceituações filosóficas sistêmicas atuais, que é definido pelo vínculo e conexão do ser com aqueles com os quais se sintoniza, em desarmonia de função e postura dentro de seu sistema.

Quando o amor cego conduz o homem à fidelidade a um padrão ou a um encargo substitutivo diante do ser amado, impede que o homem assuma sua tarefa existencial com liberdade e eficácia, mantendo-o vinculado a destinos que não lhe pertencem ou a tarefas que não lhe competem, por amor, sentimento de dever, piedade ou sintonia com aqueles de seu sistema aos quais intenta servir, sem verdadeiramente produzir algo que promova a plenitude e a alegria de viver. O amor cego torna-se um peso que ainda que não seja assim percebido na consciência do dia a dia, o impede de seguir no seu propósito existencial reencarnatório.

Já o amor livre, sustentado na honra e no respeito a tudo e a todos de seu sistema, leva o ser no rumo das realizações ampliadas de vida, que alargam não só seu horizonte pessoal, mas também o de todos aos quais se vincula, por ressonância natural, pois a eles está vinculado de forma desimpedida e plena, o que resulta na fluência da vida e no crescimento espiritual.

CARIDADE, O AMOR EM AÇÃO

a caridade cristã, que é amor em ação, ser-te-á a melhor amiga e benfeitora, semeando bênçãos de paz e gratidão em teus caminhos

4

Se queres alcançar a paz íntima e a tranquilidade interior, lembra-te daqueles menos favorecidos que te solicitam as mãos generosas para o alívio, o consolo e o amparo cristão.

São eles os filhos de Deus que o pai situou ao seu redor como oportunidade de reparação e reconciliação, na feição de familiares, amigos ou conhecidos os quais requisitam de ti um minuto de tempo ou a dedicação mais consistente para o equilíbrio íntimo.

Lembra-te que a ninguém serás capaz de substituir no esforço próprio da autoconquista e da autossuperação, no entanto não descuides dos deveres de a todos auxiliar, com teu contributo de paz e amor, para tua própria realização interior.

Aqui será uma palavra amiga, ou uma escuta atenta; ali será um braço forte no amparo à dor; mais adiante será a bênção do recurso financeiro que alivia ou do conhecimento que liberta, favorecendo a todos na qualidade de vida segundo os princípios superiores.

Em todo tempo, a caridade cristã, que é amor em ação, ser-te-á a melhor amiga e benfeitora, semeando bênçãos de paz e gratidão em teus caminhos que se não recolheres hoje, com imediato efeito em teus passos, ser-te-ão depósito divino no banco da vida, que recolherás multiplicado pela misericórdia, um pouco mais adiante.

Serão elas as bênçãos da amizade, o amparo espiritual, a inspiração superior, o socorro bendito às tuas próprias necessidades, dentre tantos outros, porque é natural na lei que aquele que semeia luz recolha claridade em suas noites de sombra e desafios existenciais, qual farol a iluminar-lhe os passos no rumo seguro das conquistas eternas e da felicidade perene do Espírito.

VÍCIOS E VIRTUDES

*vícios e virtudes compõem um quadro
complexo e completo da intimidade
humana, como se fossem verso
e anverso um do outro*

5

Vícios e virtudes são polaridades interpretativas da realidade que dependem do observador que as analisam conforme suas crenças e valores. Juntos, compõem um quadro complexo e completo da intimidade humana, como se fossem verso e anverso uma da outra.

Nenhuma realidade se estrutura sobre uma visão dicotômica e reducionista da realidade, antes se realiza sobre a natureza fusional e complementar que apresenta a intimidade afetiva das criaturas. Quando o evangelho propõe o autoconhecimento como modelo de autoencontro, certamente não se refere à análise cruel e autopunitiva decorrente dos julgamentos morais, sempre excludentes. Ao contrário, o evangelho preconiza integração e acolhimento das sombras e da luz, das polaridades de uma mesma realidade que é a expressão evolutiva do Espírito imortal.

São muito úteis na trajetória humana as avaliações e as respostas ofertadas pelos afetos e desafetos, pois permitem uma ressignificação e uma sensibilização afetiva perante a realidade emocional e psicológica de si mesmo, tantas vezes ocultas a uma autopercepção ampliada. São balizas que orientam e estimulam o desejo da ampliação da consciência e da virtude do filho de Deus.

No entanto, é na introspecção sadia e no despertar afetivo que se dá a cura mais profunda, aquela que leva o ser à entrega, cada vez mais plena, à sabedoria universal, à guiança divina e à intuição soberana que conduzem ao progresso e à felicidade.

Assim dizendo, queremos abraçar-vos fraterna e paternalmente, afirmando que nós, aqueles que estamos orientadores evolutivos e acolhedores espirituais de cada um de nossos irmãos, os vemos de forma mais transparente e profunda, sem julgamentos morais, sobretudo, de forma afetiva, de maneira que afiançamos a cada qual nossa confiança e amparo com as bênçãos de Deus, a fim de que cada um cumpra seu ministério pessoal de renovação moral e progresso intelectual, legando ao mundo a contribuição de serviço e amparo em nome de Jesus. ●

AMOR DIGNIDADE

com sentimentos de dignidade, o ser enfrenta a marcha de retorno à casa do Pai, recolhendo ao longo do caminho o lixo que lançou à estrada

6

O amor de Deus não se limita às definições, enquadramentos ou partidarismos. Ele é expressão de acolhimento incondicional que olha a cada ser com singular atenção. Esse amor infinito, que é fonte e sentido de toda a existência, guia cada ser para o despertar de sua luminosidade interior, ainda que pelas experiências da dor que os sensibilizam e transformam.

O amor incondicional do Pai vibra na intimidade de cada criatura, aguardando o tempo certo para sua expressão e despertamento. Quando o Espírito pode sentir-se digno e contatar-se a esse rico manancial de força interior, descobre a fonte da água viva que pode dessedentá-lo e conduzi-lo ao melhor de si mesmo. Para isso, são fundamentais as experiências de amor que contagia o ser com sentimento de dignidade e que resgata em si a consciência de que é incondicionalmente amado, embora isso não o isente das lutas naturais pelo progresso.

Com sentimentos de dignidade, o ser enfrenta a marcha de retorno à casa do Pai, recolhendo ao longo do caminho o lixo que lançou à estrada enquanto descia desgastando a herança que julgava lhe pertencer. O Pai o sustenta e o aguarda para a festa da abundância e da comunhão na alegria do autoencontro. •

DIGNIDADE II

todo ato de amor legítimo exalta a dignidade, o valor e a grandeza do filho de Deus, despertando-o para a vida

7

A **experiência da dignidade é a alavanca essencial que promove o ser de retorno à casa do Pai. Toda vez que um coração vê nos olhos** do próximo o valor que desconhece, a confiança que ainda não desenvolveu, ou a humanidade que renega em si, experiencia a grandeza da dignidade do filho de Deus, que encontra o divino em sua humanidade.

Toda vez que permitimos a alguém sentir-se digno por meio da experiência, do respeito, do valor pessoal e da amorosidade compassiva, este se conecta à dignidade, ao mesmo tempo que esta é reforçada naquele que ama em sintonia com o Pai.

A palavra orienta, o livro elucida e educa, o conselho ajuda e o socorro salva, porém, só o sentimento da dignidade faz com que a criatura encontre forças dentro de si para encetar as lutas da autoconquista e da autossuperação no enfretamento de sua história e necessidades pessoais, na direção da reparação do passado de equívocos e na sementeira de bênçãos para o amanhã.

Todo filho de Deus é digno porque existe e não porque mereça. Todo ato de amor legítimo exalta a dignidade, o valor e a grandeza do filho de Deus, despertando-o para a vida. ●

O PODER DA COMPAIXÃO

como um amor excelente, a compaixão socorre despertando, ampara elevando e ajuda promovendo a grandeza do ajudado

8

Há posturas que verdadeiramente engrandecem o homem e o colocam em sintonia com a presença do Senhor. A compaixão é uma delas. Filha da ternura, irmã da caridade, a compaixão é o movimento de acolhimento da humanidade do outro e de sua vulnerabilidade.

Ela compreende e acolhe os resultados da desdita, dos insucessos ou da insuficiência que o próximo vivencia como consequência das suas escolhas ou como fruto natural das suas provas. Porém, não o faz com piedade que rebaixa ou humilha. A compaixão olha para a grandeza e para a força de cada ser e exalta a dignidade e as potências de cada filho de Deus. Ajuda na medida certa, no tempo justo e verdadeiramente necessário para que o outro reencontre sua força e autonomia.

Aquele que age compassivamente conecta-se ao melhor de si mesmo e aquele que recebe a compaixão é levado a conectar-se, igualmente, ao seu melhor. A compaixão eleva sem ressaltar a fraqueza ou sustentar a inércia, sem fazer parceria com o vitimismo e sem substituir o papel ou o esforço do outro.

Como um amor excelente, a compaixão socorre despertando, ampara elevando e ajuda promovendo a grandeza do ajudado. A compaixão é um dom em sintonia com o Pai e aquele que é compassivo atrai amparo para suas próprias lutas, despertando as forças e potenciais mais nobres da alma.

SEJAMOS GRATOS

sejamos gratos à multiplicidade de bênçãos que a misericórdia do Senhor nos envia diária e silenciosamente

9

Sejamos gratos, meus filhos, à multiplicidade de bênçãos que a misericórdia do Senhor nos envia diária e silenciosamente, à maneira de chuva abençoada a molhar o solo de nossas plantações interiores, nutrindo as sementes das virtudes que desabrocham gradualmente, revelando a natureza do amor.

Sejamos gratos ao paciente inesperado que nos traz um problema novo ao ocupar-nos o campo mental, com a ajuda adequada, sustentando a produção do bem em nós.

Sejamos gratos ao Espírito sofredor que nos oferta a oportunidade de acolher a sua dor, sem saber que em nós a mesma chaga pede curativo e medicação, a fim de sanear a dor moral e construir um caminho de paz.

Sejamos gratos aos eflúvios do alto que nos banham o corpo espiritual, fornecendo recursos de reequilíbrio e afeto.

Sejamos gratos à oportunidade de trabalho que dá sentido e significado à nossa vida.

Em tudo isso o Senhor nos honra com seu amor misericordioso, ofertando a luz de sua confiança e estímulo para que o melhor em nós se faça o melhor para todos.

AMOR
ESPERANÇA

ora, espera, trabalha, confia; Deus cuida do necessário e do fundamental; cuide, você, de perceber o essencial

10

Há no evangelho importante lição acerca da esperança. Quando aquela mulher se encaminhava para o sepulcro, já conformada em sepultar com seu filho o seu amor e a sua vida, Jesus visita-lhe o coração, interrompendo o cortejo.

O Mestre, conhecedor dos fatos, circunstâncias e possibilidades, chama o filho à vida, reatando os liames fluídicos que o ligava ao corpo momentaneamente paralisado.

Quando Marta e Maria choravam a angústia do lar desfeito e a dor da ausência, Jesus visita-lhes a intimidade, conferindo novo sentido àquela história em que abre o túmulo de Lázaro e o desperta, com uma voz de comando, para a dignidade da vida de serviço e amparo, luz e renovação.

Quando a dor de Pedro, convertido em arrependimento profundo, dilacera-lhe o coração, ei-lo, o Senhor, a olhar-lhe de longe falando-lhe ao coração com uma inflexão amorosa que não comportava dúvida: era chegado o instante do recomeço, com humildade.

Todos os que estão na Terra passam por lutas naturais decorrentes de sua história pessoal e do seu livre arbítrio que culminam na paralisia da pseudomorte emocional ou espiritual, na angústia do suplício moral ou nas dores do arrependimento ou remorso. No entanto, em todo caminho chega um tempo em que a visita de Jesus se faz presente alterando panoramas, realidades e circunstâncias.

Se te crês desamparado ou se te encontras na solidão do deserto pessoal, lembra-te que Jesus caminha ao teu lado falando contigo, inspirando reflexões e sentimentos, direcionando a tua vida e a daqueles que ama. Deixa que a dor cumpra seu ministério e lembra que assim como aconteceu com os discípulos em Emaús, ao partir do pão tu também o reconhecerás, e quando esse instante chegar, o que era morte se converterá em vida, a destruição em construção e a falta em abundância.

Ora, espera, trabalha, confia. Deus cuida do necessário e do fundamental. Cuide, você, de perceber o essencial.

AMOR CARIDADE

a caridade tem mil faces, mas em todas elas encontra-se o amor

11

A caridade não é uma ação isolada, antes, constitui-se em um movimento que nasce das profundezas da sensibilidade para a ação renovadora. Ela se expressa de muitas maneiras, na forma do verbo firme e sensível que esclarece ou nas mãos operosas que amparam a vida, na inteligência que cria, nas ideias que transformam, na semeadura que promete frutos futuros, no adubo que alimenta as sementes lançadas, no silêncio que acolhe ou nas palavras que elucidam, espargindo esperança e otimismo nas atitudes que promovem renovação; na resignação ativa que acolhe a realidade com aceitação; na força da compreensão ou na paciência que suporta a ignorância; no olhar otimista que busca o que é cheio; na perspectiva de esperança que aguarda o tempo certo.

A caridade tem mil faces, mas em todas elas encontra-se o amor que leva a todos para um espaço de paz, acolhimento, inclusão e esperança, espaço de cura que eleva os indivíduos e as comunidades.

CARIDADE: MEDICAÇÃO PARA A ALMA

a caridade generosa, oriunda do coração sensibilizado pela dor alheia, é a maior medicação para a alma enferma

12

A caridade é a maior medicação para a alma enferma. Não aquela que se ergue como moeda de troca, cheia de interesses pessoais ocultos dissimulados na ação do auxílio, mas aquela generosa, oriunda do coração sensibilizado pela dor alheia, que decide doar e doar-se em renúncia e sacrifício pessoal na alegria de aliviar, confortar, consolar e esclarecer.

Quando a alma se conduz por esses princípios nobres decorrentes do centramento, os efeitos logo são sentidos na vida auxiliada e no coração do ajudante, pois à medida que cada um doa e se oferta com o que verdadeiramente tem para dar, multiplica-se em si mesmo o que é ofertado, e lhe retornam a gratidão, o afeto e a alegria decorrente da ajuda genuína.

Esse movimento representa bálsamo para as feridas do egocentrismo, do isolamento, do individualismo, e representa a segura medicação da alma para aquele que busca a cura real.

AMOR, FORÇA CURATIVA

somente o amor pode libertar o coração das cadeias limitantes que o prendem a retaguarda, das formas inferiores e das necessidades do Espírito

13

Em toda parte os corações exultam e clamam por alívio e consolo.

As filosofias do mundo são recursos de orientação e procuram métodos salutares de encontro com a verdade, mas somente o amor pode libertar o coração das cadeias limitantes que o prendem a retaguarda, das formas inferiores e das necessidades do Espírito.

Somente o amor é força suficiente para dar à criatura um sentimento de dignidade que a reconduz à casa do Pai com a confiança necessária na misericórdia infinita do Criador.

Iluminai, pois, o cérebro, com as convicções da imortalidade, com o conhecimento espiritual que enriquece, mas não esqueça de iluminar o coração com afeto espontâneo e justo, com a amorosidade que eleva e permite sentir e expressar Deus. Pois como bem informa o apóstolo, "aquele que não ama não conhece a Deus, porque Deus é amor". (*I João*, 4:8)

Só o amor é força curativa suficiente.

A MULTI-PLICIDADE DO AMOR

inúmeras são as formas de amor que embelezam as experiências humanas; em todas elas vemos a marca do Senhor

14

H á distintas formas de amor que embelezam a experiência humana como força transformadora.

Há o amor doação, que se efetiva alegremente sem esperar recompensa.

Há o amor inspiração, que contagia e estimula promovendo elevação.

Há o amor firmeza, que conduz e educa direcionando os passos.

Há o amor educação, que instrui e esclarece para a libertação do sofrimento.

Há, ainda, o amor perdão, que se humaniza e acolhe a fragilidade humana ressaltando o afeto como ponte e centro da existência.

Há o amor acolhimento, que se abre para abrigar aquele necessitado em tempo de tempestade.

Inúmeras são as formas de amor que embelezam as experiências humanas. Em todas elas vemos a marca do Senhor fortalecendo a força, a fé, a consciência e a liberdade de cada ser para o crescimento e a expansão espiritual. ●

OUVE, ESPERA, CONFIA

segue teus caminhos e destino com ativa esperança, com coração confiante e com as mãos cheias de trabalho enobrecedor

15

Ouve, alma amiga, a voz do Senhor que te fala sem cessar pela linguagem inarticulada da natureza, da amizade e dos afetos ao teu redor.

A cada dia recebes as diretrizes magnas para o direcionamento de teus esforços e o melhor aproveitamento de tua alma consoante os rumos de teu programa reencarnatório e a vontade do Senhor para tua vida.

Abra os ouvidos espirituais e aprenda a ouvir os ensinamentos que se ocultam nas leituras singelas das mensagens que te chegam às mãos, das palavras que lhe tocam os ouvidos e do amor que se apresenta ao teu redor, e encontrarás a resposta que buscas para as suas dores e aflições.

Sai de ti mesmo, da expectativa angustiante ou da ansiedade paralisante, e deixa que a bondade vinda no exercício do bem lhe devolva as propícias dádivas físicas em ti e em teu entorno.

Serve esquecendo-se de ti mesmo e te encontre a cada dia, pois nos passos do amor desinteressado e sentido, Deus te socorrerá com a desidealização necessária e com as preocupações elevadas que o guiam àquilo que é essencial e verdadeiro para sua caminhada.

Segue, pois, teus caminhos e destino com ativa esperança, com coração confiante e com as mãos cheias de trabalho enobrecedor, e aguarda em Deus que o mais Ele fará.

HUMILDADE

um coração humilde recebe com gratidão sem exigir, age com honra sem acusar e produz com êxito sem lamentar ou limitar-se

16

A humildade é a virtude que conecta mais intensamente o homem a Deus, em si e em seu redor.

Humildade não é mensagem falsa, simplificada a uma imitação de atitude e personalidade. Humildade é húmus, terra fértil, postura íntima que fertiliza o solo do coração e do intelecto para a expressão do real, do adequado, do justo e do que é útil a cada momento, a cada ser e a cada realidade.

Humildade é o reconhecimento do real lugar e papel em cada instante, no cumprimento dos deveres no contexto em que a vida localizou cada ser para a desincumbência de seus compromissos e o despertar de suas potencialidades a serviço do amor maior.

A humildade é a força que integra, pois contempla a inclusão de todos os direitos e de todas as realidades sem negar a singularidade de cada qual em sua trajetória particular. Na humildade a semente brota, cresce e fortifica-se, bebendo da fonte e seguindo na direção de seu destino. Fora dela, ensaia sem desenvolver-se.

Um coração humilde recebe com gratidão sem exigir, age com honra sem acusar e produz com êxito sem lamentar ou limitar-se.

A humildade é o terreno fértil que dilata a força divina em cada ser.   •

FOGO SAGRADO

se já assumistes os princípios cristãos na intimidade da alma, deixa que a faísca do amor divino desperte o fogo sagrado da Suprema presença em teu coração

17

Se já assumistes os princípios cristãos na intimidade da alma, deixa que a faísca do amor divino desperte o fogo sagrado da Suprema presença em teu coração. Olha, com amor, para a generosidade da vida que com renúncia e sacrifício provê com abundância para todos e dispõe daquilo que abunda em teu ser, em benefício de teus semelhantes.

Semeia a presença da esperança promovendo iluminação.

Esparge o otimismo e a confiança testemunhando a fé.

Dispensa a ternura e o carinho apresentando o perdão por escudo e fortaleza moral.

Eleva o pensamento e o sentimento alheio por meio de obras santas que inspiram e permita ver a divindade no humano.

Se já fostes beneficiado pelo conhecimento que enriquece o cérebro e o sentimento que embeleza o coração, ouve a voz do Senhor dizendo na intimidade da tua alma:

Brilhe a vossa luz diante dos homens para que vejam as vossas boas obras e glorifiquem a vosso Pai que está nos céus. (Mateus, 5:16) ●

AMOR RECONCI-LIAÇÃO

deixa que as feridas se fechem formando apenas cicatrizes indolores, deixando em seu lugar o aprendizado, a conquista, o afeto e o respeito que integram o amor e plenificam

18

Reconcilia sem demora com teus afetos, dando um lugar de amor em seu coração para todos aqueles que estão ou passaram em sua trajetória e ocuparam um papel importante em sua vida.

Cada ser é a somatória de muitos amores que lhe constituem, desde o amor de filho pelos pais, passando pelo amor entre irmãos, até o amor entre amigos e parcerias afetivas estabelecidas pelos vínculos sexuais e do coração.

Se chegastes onde está foi graças aos esforços e à colaboração de muitos que se somaram para amparar-lhe os passos frágeis ou para trocar contigo em regime de parceria e construção a dois.

Olha para a beleza de cada um sem dar valor desnecessário ao vazio e à falta, pois o essencial reside no amor e somente através de seu reconhecimento é que se pode ser verdadeiramente livre.

Encara aquilo que de bom foi vivido, partilhado, sonhado e, aceitando a si como és e aos outros como são, encontrarás a paz que almejas em maior profundidade.

Cada um nasceu para ser si mesmo e para cumprir com seu destino, e ninguém alcança o êxito na vida solitariamente, sem amar e ser amado. Olha, pois, com respeito, para os amores que te constituem, e deixa que as feridas se fechem formando apenas cicatrizes indolores, deixando em seu lugar o aprendizado, a conquista, o afeto e o respeito que integram o amor e plenificam.

AMOR
RENOVAÇÃO

assim como a natureza se renova a cada dia, também a intimidade dos filhos de Deus se transforma sobre a força amorosa da vida que promove o equilíbrio e a cura interior

19

Tudo no universo conspira para a harmonia, a reconciliação e a paz de tudo e de todos. independente das tormentas emocionais a que o homem se entregue, chega sempre o tempo da bonança e da reconstrução de si mesmo. Assim como a natureza se renova a cada dia, também a intimidade dos filhos de Deus se transforma sobre a força amorosa da vida que promove o equilíbrio e a cura interior.

A força amorosa de Deus reúne as criaturas unindo forças e necessidades, potenciais e déficits, de forma que cada um encontre aquilo que o complementa e o inspira para a descoberta das potencialidades da alma.

Não há dor que se eternize nem sofrimento que não chegue ao término.

O filho de Deus está destinado à alegria na comunhão do amor e tudo no universo se move para a integração e a reconciliação, no tempo.

Compete à criatura confiar em sua suprema destinação e acolher aquilo que necessita fazer em benefício de si mesmo, com coragem e bravura.

Deus a todos ampara e sustenta com amor infinito. Entrega-te, pois, a Ele, e confia, que o mais Ele fará.

SERVE AGORA

abre teu coração para o chamado ao serviço
e permite que de teus lábios e coração
vertam as bênçãos do alto na forma do
consolo, da esperança e do lenitivo

20

Olha para a vida que se apresenta bela e generosa ao teu redor. É o convite do alto ao serviço de amor em benefício de todos.

Abre teu coração para o chamado ao serviço e permite que de teus lábios e coração vertam as bênçãos do alto na forma do consolo, da esperança e do lenitivo, de forma a levantar o ânimo daqueles que te visitam a inutilidade.

Não permita que as provas, as dores ou as lutas se coloquem como obstáculo ao serviço do amor.

Assim como te encontras, és amado e requisitado pelo Senhor para o trabalho de cooperação e serviço desinteressado.

Não aguarde o tempo da perfeição idealizada ou da tranquilidade sonhada. A realidade para aqueles que se encontram na Terra é a das lutas sem tréguas pela autossuperação e pela autoconquista, e o caminho do trabalho contínuo no bem é o chamado do alto para que encontres as respostas que buscas e a serenidade que almejas.

Abre, pois, o teu coração, e deixa que brilhe tua luz em benefício de todos, especialmente daqueles mais esquecidos e excluídos.

Seja tua a voz que consola e estimula, ampara e abençoa em nome do Senhor. Assim fazendo se converterá na mensagem viva do evangelho para o teu próprio benefício e tua iluminação interior.

EIS O HOMEM

nas atitudes de Jesus não vemos apenas o humano divinizado, mas um divino humanizado; eis o homem, e nele vemos o Cristo, exemplo que nos mostra e nos conduz a Deus

21

A atitude de Pôncio Pilatos ao apresentar Jesus à multidão é representativa do movimento espiritual de muitas criaturas alienadas da realidade superior da vida.

Muitos só vislumbram em Jesus o homem provocador e transgressor dos costumes farisaicos da época que mereceu a cruz ignominiosa pelas atitudes de desacato às leis vigentes. Estes não enxergam a realidade divina por detrás dos atos humanos.

Sem dúvida o homem Jesus é digno de nota pelos seus feitos corajosos, no entanto é essencial retirar o véu da letra a fim de perceber a mensagem libertadora de que é portador.

Em suas atitudes não vemos apenas o humano divinizado, mas um divino humanizado que renuncia aos altos postos de júbilo e êxtase não para deixar de vivê-los, mas para igualar-se à condição inferior a fim de testemunhar a grandiosidade da mensagem que liberta e vivifica a partir da vivência, convidando o homem a compreender os divinos fins a que estão destinados.

Jesus humanizou-se para mostrar ao humano que somos todos nós a natureza divina do homem, mostrando um caminho excelente de renovação pessoal e coletiva.

Ao olhar para Jesus e seu martírio, vislumbramos o convite à renovação efetiva por meio das atitudes de entrega e confiança absoluta na guiança do Senhor que a todos conduz e direciona aos altos fins da existência.

Sim, Pilatos, eis o homem, e nele vemos o Cristo, exemplo que nos mostra e nos conduz a Deus.

AMOR DESAPEGO

o amor não sufoca, não limita, não aprisiona; antes, liberta e promove o ser amado a novos patamares de autodomínio e autossuperação

22

Ama com desapego aqueles que a vida lhe confiou ao círculo doméstico, na condição de filhos ou companheiros, que jornadeiam contigo na estrada da autoconquista.

Nada nem ninguém pertence ao outro.

Cada ser é filho de Deus destinado a caminhar na existência em direção ao próprio destino.

Os filhos que a vida lhe confiou na qualidade de genitora ou genitor generoso são Espíritos que necessitam de tua educação para que aprendam a seguir, com confiança e coragem, no enfrentamento de suas lutas redentoras.

Ama, pois, com desapego, cuidando de encher a tua vida com sentido e significados mais profundos vistos naqueles que se apaixonam por ideias e ideais superiores, legando a teus filhos não só a liberdade relativa da construção do próprio destino, mas também a responsabilidade de fazê-lo com respeito e disciplina. O amor não sufoca, não limita, não aprisiona. Antes, liberta e promove o ser amado a novos patamares de autodomínio e autossuperação. ●

O DESERTO PESSOAL

o deserto não é um local, mas um espaço da alma a caminho da síntese; cada servidor deverá encará-lo, sendo chamado a afirmar sua singularidade e seus valores do espírito, indestrutíveis e eternos

23

O caminho proposto pelo evangelho aos discípulos do Mestre maior é o da disciplina, da renúncia e da submissão à Suprema vontade.

O Cristo personificou não só o terapeuta de excelência com poder de síntese das leis e das circunstâncias, mas também a figura arquetípica do Filho de Deus realizado e entregue à ordem e à lei, fluindo no efeito supremo da harmonia.

O seu percurso na tarefa pública representa, das bodas de Caná ao Calvário, a trajetória de trabalho identificada com a fonte.

No entanto, antes de tudo isso, o Mestre dos mestres foi testado e assediado por quarenta dias no deserto pessoal do corpo e do espírito pelos demônios da desconexão, da dissociação e da infidelidade, dispostos a desconectar-lhe do essencial e do curso de seu ministério testemunho.

O deserto não é um local, mas um espaço da alma a caminho da síntese.

Cada servidor deverá encará-lo no confronto com o mundo hedonista, materialista, capitalista e superficial, sendo chamado a afirmar sua singularidade e seus valores do espírito, indestrutíveis e eternos.

Igualmente, cada coração o vivenciará no campo pessoal da solidão, do silêncio que produz a síntese suficiente que emana da essência. Deverá, para isso, caminhar no sentido da individuação espiritual no confronto com a sua sombra, no desenvolvimento psíquico, na integração dos arquétipos e no desenvolvimento psíquico e espiritual total, sempre em construção, para uma expressão harmônica consigo, com seu meio e com sua realidade profunda onde brilha a luz da fonte que é a marca do Pai em si, que guarda os deveres de cada qual no presente estágio evolutivo e encarnação.

Ouve, pois, cantar a sereia que hipnotiza as mentes e o coração na distração do essencial, fazendo com que a alma se desconecte do espaço sagrado do si para a periferia conflitante do ego, e acautelai-vos da dominação que mata a conexão profunda. O tempo passa célere e o foco do servidor do evangelho deve ser o de amar, servir e respeitar as leis maiores com fidelidade e perseverança, no estágio do deserto pessoal ou da porta estreita que o conduz ao Pai. ●

TRABALHO E MISERICÓRDIA

a dedicação ao trabalho de amor do evangelho é tarefa oportuna e urgente a todo coração que já está desperto para a necessidade de autoiluminação

24

A dedicação ao trabalho de amor do evangelho é tarefa oportuna e urgente a todo coração que já está desperto para a necessidade de autoiluminação. No entanto, a dedicação aos propósitos de amor e serviço não isenta o trabalhador das lutas redentoras naturais que se apresentam como resgate necessário e benéfico das ofensas à lei ou da reparação do coração diante das culpas opressivas.

Diante dos testemunhos diários a que são chamados, agradeçam a Deus as oportunidades santas do sacrifício que liberta por meio das dores menores as dívidas maiores, suavizadas pela lei de misericórdia.

O trabalho de amor e a intensidade de dedicação ao trabalho constituem atenuantes santos que se não evitam de todo as provas, as tornam menos árduas, conferindo força e poder na caminhada.

Creiam, sem o trabalho no bem tudo seria muito diferente.

Louvados sejam, pois, os trabalhadores da última hora, que se dedicam conscientemente à tarefa da redenção pessoal, com confiança no Pai e submissão à sua sabia ordenação e definições. Dizia Paulo com sabedoria: "Em tudo dai graças". (*I Tessalonicenses*, 5:18)

No louvor e na gratidão do coração encontramos as chaves que abrem as portas para experiências mais amplas de satisfação e felicidade.

AMOR RESPEITO

a relação de respeito constrói pontes e estabelece associações de valor que constroem para a eternidade; respeito é amor com valor

25

O respeito é uma manifestação de amor legítimo.

Muitos pensam que o amor traduz-se somente nas expansões afetivas, e outros ainda o reduzem a expressões de romantismo na relação a dois. No entanto, o respeito é uma forma elevada de amor, pois confere ao outro dignidade, consideração, visibilidade e existência.

No respeito estão envolvidas a humildade, a ética, a valorização e a alteridade, características essenciais de vida civilizada. Quando um indivíduo respeita outro está olhando para o valor intrínseco daquela pessoa, independente de cor, opção sexual, opiniões políticas, religiosas ou filosóficas.

No respeito, o outro é amado porque existe e porque pertence.

A relação de respeito constrói pontes e estabelece associações de valor que constroem para a eternidade.

Respeito é amor com valor.

PROVAS

ama as tuas lutas aproveitando o instante precioso que passa, porque a vida é experiência ligeira que prepara a alma para o inevitável encontro consigo mesmo no campo da consciência infinita

26

Se a vida te visita com provas acerbas inesperadas, aguarda confiante o socorro que não falta. Foste preparado para esse momento e ainda que não percebas, a vida arregimenta reforços, ferramentas e recursos internos e externos a fim de te amparar na misericórdia e na esperança.

Os instantes de amargura assemelham-se ao calor interno do forno que transforma a massa conferindo-lhe sabor e crescimento.

Ama as tuas lutas aproveitando o instante precioso que passa, porque a vida é experiência ligeira que prepara a alma para o inevitável encontro consigo mesmo no campo da consciência infinita.

Descansa no Senhor e nos afetos que te animam e preenchem o coração e aguarda confiante.

Deus reserva-te o melhor.

AMOR

desde o amor maternal e paternal até os cuidados fecundos de todos que formam o campo das afinidades e da sintonia, é o amor que dá sentido e significado profundo

27

O amor é a única experiência intrinsecamente transformadora.

Métodos e técnicas são meros recursos de sensibilização.

O ser só empreende a jornada de autossuperação e transcendência quando se rende à percepção do amor excelente que o envolve por todo lado à serviço do Pai.

Desde o amor maternal e paternal até os cuidados fecundos de todos que formam o campo das afinidades e da sintonia, é o amor que dá sentido e significado profundo, conferindo conteúdo que abastece e força que alimenta.

Beber, pois, da fonte, requer percepção exata desse amor, permitindo que ele faça em cada ser a tarefa renovadora de que está investido, despertando as forças e os potenciais da alma.

FALA COM AMOR

usa do verbo iluminado como fonte de consolo, instrução e caridade, semeando esperança e força em todos ao seu redor

28

Isenta-te das críticas destrutivas. A palavra que não serve ao louvor, ao respeito e ao estímulo não serve ao amor. Guarda teu tempo livre das projeções de sua sombra sobre a personalidade e as realizações alheias.

Se algo te incomoda no outro, aprenda com a oportunidade e olhe para ti mesmo. Encontrarás em ti algo semelhante ou familiar a estudar. Aproveita o tempo da convivência para alimentar o afeto e as construções eternas, partilhando o que é belo e bom. A palavra tem força sagrada e deve sempre servir ao amor. Se não for o caso, é melhor silenciar no respeito e orar a fim de que o equilíbrio se reestabeleça em ti e ao teu redor.

Usa do verbo iluminado como fonte de consolo, instrução e caridade, semeando esperança e força em todos ao seu redor. Assim fazendo, não só evitarás os conflitos obsessivos entre mentes e corações sintonizados na sombra, mas também materializarás em tua vida, com o magnetismo sagrado da vontade e do esforço, as bênçãos perenes do espírito, na sintonia com as fontes do bem imortal, atraindo para teu convívio aqueles que se afinizam contigo e com a luz que há em ti, a fim de aumentá-la e dinamizá-la, a teu benefício e de todos.

AMOR LIMITE

o limite é expressão respeitosa de separação que serve à produtividade de todos; todo ser necessita de espaço pessoal, de silêncio interior

29

A firmeza e o limite são instrumentos do amor no campo educacional com largo efeito de importância. **Quando as relações se mesclam** amalgamando sentimentos, individualidades e personalidades, o respeito não encontra lugar.

O limite é expressão respeitosa de separação que serve à produtividade de todos. Todo ser necessita de espaço pessoal, de silêncio interior, livre das opiniões alheias, a fim de centrar e sentir o que lhe compete no terreno das responsabilidades pessoais.

Estabeleça limites nas relações com atitudes respeitosas e responsáveis. Para que isso seja efetivo e produtivo, tal deve ser feito com sensibilidade e compaixão, ternura e acolhimento, sem criar danos às estruturas afetivas do outro. Isso é possível quando você se pergunta como gostaria que os outros fizessem consigo, caso fosse você mesmo a ouvir o que diria ou a receber tal limite. A firmeza, para servir ao amor, deve estar acompanhada da sensibilidade e da brandura.

REENCAR-NAÇÃO E AMOR

*todo filho de Deus nasce incondicionalmente
amado, como um sonho de amor
do Pai, com divinos fins*

30

A reencarnação é lei biológica que serve ao amor divino, dando a cada ser a oportunidade de prosseguir no aprendizado e na evolução intelectual e afetiva que o conduzirá ao Pai. Através das vidas sucessivas, o Espírito recebe estímulos variados para o despertamento dos divinos dons que dormitam em sua intimidade, qual a semente que pouco a pouco desabrocha revelando a natureza da árvore que a gerou.

Todo filho de Deus nasce incondicionalmente amado, como um sonho de amor do Pai, com divinos fins. À medida que desperta a consciência de si e a liberdade relativa que lhe é própria, a criatura tem a oportunidade de tornar-se consciente do supremo amor e da infinita inteligência e sabedoria que rege o universo, colaborando como cocriador, primeiro no campo de sua própria individualidade, estendendo sua ação para a família, e depois para a sociedade, a serviço do eterno bem.

Cumprir sua destinação existencial não é uma escolha, é uma fatalidade. Todo filho de Deus realizar-se-á no amor, mais dia, menos dia. Compete a cada um construir seu trajeto ascensional individual de forma a revelar-se em sua natureza divina o quanto antes, para a própria realização e felicidade.

AMOR: MOSAICO DE SENTIMENTOS

o amor é composto de um mosaico de sentimentos nobres que engrandecem e dignificam o ser

31

O amor é composto de um mosaico de sentimentos nobres que engrandecem e dignificam o ser, como o respeito, a paciência, a bondade, a compaixão, a brandura e a compreensão.

À medida que cada um se esforça por desdobrar esses sentimentos e posturas éticas na relação com o próximo, está vivenciando o amor em um grau qualquer, e todo esforço constrói e edifica na intimidade da alma.

Há muita grandeza no exercício do perdão, no movimento da reconciliação, na renúncia silenciosa que integra sem humilhar, no sacrifício nobre de si mesmo, que auxilia sem personalismo, na promoção do outro a um patamar de maior entendimento e realização, somente possível por meio da educação.

Toda atitude que resgata a dignidade humana serve ao amor. Todo esforço que constrói unindo e integrando, promove o amor. Quando cada indivíduo se compenetra de que a felicidade não é destino e sim postura perante a vida, e se dedica a amar no limite de sua forças, conhecimento e possibilidades, fazendo o melhor ao seu redor, encontra os tesouros da alegria e do crescimento pessoal, nas conquistas em todos os níveis que a existência tem a ofertar.

Ama, pois, como te seja possível, e deixa que a vida te apresente os resultados, no tempo certo da colheita de cada semeadura.

AMOR PERDÃO

o perdão é um ato de amor por si mesmo; aquele que perdoa libera-se do peso da dor que carrega em suas próprias costas

32

O perdão é um ato de amor por si mesmo. Aquele que perdoa libera-se do peso da dor que carrega em suas próprias costas, derivadas da interpretação polarizada em um único ângulo de visão de uma experiência ou relação.

Através do perdão o ser se libera do vitimismo, do poder que transfere para o considerado agressor ou para a experiência traumática, tomando de volta as rédeas de seu próprio destino.

O perdão é a porta para a reconciliação, permitindo que a renúncia à posição de vítima também isente o outro da posição de algoz, o que faz com que sejam exaltados o afeto e a humanidade de cada um, abrindo o coração para o respeito ao valor do outro ou da relação na trajetória existencial.

Como um processo, o perdão demanda uma metabolização do que foi vivido, a compreensão das correspizidades e a decisão pela paz.

Assim, cada um pode seguir livre para as expansões conscienciais e para as integrações afetivas que alimentam a alma, sustentando a caminhada agora e no futuro, no campo da imortalidade da alma.

Aquele que decide pelo perdão decide pelo mais, pela vida e pelo crescimento pessoal. ●

HIGIENE MENTAL

cuida com desvelo de teu campo mental, selecionando as fontes que alimentam teu ser

33

Ama a ti mesmo e reserva-te o direito e o dever de só eleger para tua vida aquilo que constrói e edifica.

Tua mente constrói a realidade ao teu redor, bem como hipnotiza tuas células, comandando o funcionamento harmônico ou desarmônico de teu corpo a partir do equilíbrio ou do desequilíbrio de teus pensamentos em sintonia ou distonia com o amor.

Cuida com desvelo de teu campo mental, selecionando as fontes que alimentam teu ser de informações e notícias, bem como as conversações e experiências que nutrem teu coração com estímulos vivenciais.

Nada nem ninguém pode te comandar ou influenciar sem tua aceitação expressa no campo íntimo. Cuida, pois, de ser tua melhor companhia e teu melhor conselheiro, a partir da sintonia com as forças do eterno bem que só a oração e a caridade – amor em ação – podem proporcionar.

Higieniza o campo mental elevando os teus pensamentos ao Pai de infinito e incondicional amor e pede a Ele as forças e a inspiração necessárias a fim de te preservar das quedas no desfiladeiro da desesperança, do medo ou da falta de fé. Antes, roga ao supremo amor a inspiração de sabedoria que te conduza às melhores decisões com aceitação, paciência, resignação e trabalho, em prol de ti mesmo e de todos, no cumprimento de teus deveres existenciais, e decida-se sempre pelo melhor, como merece todo filho de Deus.

AMA SEM EXPECTATIVA

ama pela alegria de amar e de dar o que tem para dar, e a alegria no ato de amar ser-lhe-á a recompensa pelo que oferta

34

Ama aqueles que caminham ao teu lado sem expectativas irreais. Aprende a olhar o outro como alguém distinto e individual que tem o direito de seguir a vida a partir de suas próprias decisões e interesses, desde que adulto e senhor de si mesmo. Respeita aqueles que jornadeiam contigo na estrada da vida e reserva-te o direito de ofertar-lhes o teu melhor, sem esperar recompensas. À medida que o melhor de cada um é disponibilizado para a vida, esta responde com movimentos de ampliação e conquistas, pois é da lei que aquele que ama encontre ressonância no bem universal. No entanto, compreenda que falamos aqui do amor que se oferta ao outro por meio da bondade, do perdão, do entendimento e da compaixão, no estímulo do melhor em todos, e não do amor romântico que projeta no outro as carências pessoais na ilusão da satisfação impossível ao outro de proporcionar.

Cada ser só se realiza a partir do que decide e vive na sua intimidade, em troca constante com os outros, porém, sem depender do outro para se preencher intimamente. Todo ser carreia em si a fonte e deve centrar-se e aprofundar-se no encontro consigo mesmo para a satisfação pessoal.

Ama, pois, pela alegria de amar e de dar o que tem para dar, e a alegria no ato de amar ser-lhe-á a recompensa pelo que oferta, promovendo gratidão e retorno no tempo certo de amadurecimento de cada ser.

AMOR
GRATIDÃO

sê grato a tudo e a todos e silencia qualquer queixa, mobilizando os recursos da renovação com reconhecimento das bênçãos amorosas que a vida já lhe brindou

35

Olha com gratidão para o que tens, permitindo que as sementes em teu solo íntimo sejam regadas com a emoção da alegria pelo que a vida já lhe possibilitou ser e conquistar.

Somente a gratidão tem o poder de mobilizar novos recursos e de fertilizar o campo interior, fazendo brotar a força e a satisfação no coração.

Certamente encontrarás em ti motivos para queixas, lamentações ou repreendas diante do que ainda não conquistastes ou não recebestes. No entanto, nada disso importa verdadeiramente. O vazio não promove transformação nem pode gerar forças. Somente o que é cheio é pleno de vida e vigor espiritual.

Alimenta, pois, todo dia, a gratidão por tudo que vive, na certeza de que tudo está certo como é e que a vida lhe reserva o melhor. Os dias escuros passarão, a alvorada anunciará um novo tempo, as pessoas e relações modificar-se-ão e tudo caminhará para o melhor a partir do movimento da gratidão que exalta o que é bom, verdadeiro e real em sua vida.

Há infinitos motivos para ser grato, começando pela vida, dom maior de Deus, que vem a cada ser reencarnado por meio dos pais, que servem ao Pai maior através de seu amor.

Sê grato a tudo e a todos e silencia qualquer queixa, mobilizando os recursos da renovação com reconhecimento das bênçãos amorosas que a vida já lhe brindou. A gratidão é uma bela expressão de autoamor e amor ao próximo que conduz a uma boa utilização dos recursos e possibilidades ao seu dispor para a construção de seus melhores sonhos de amor. ●

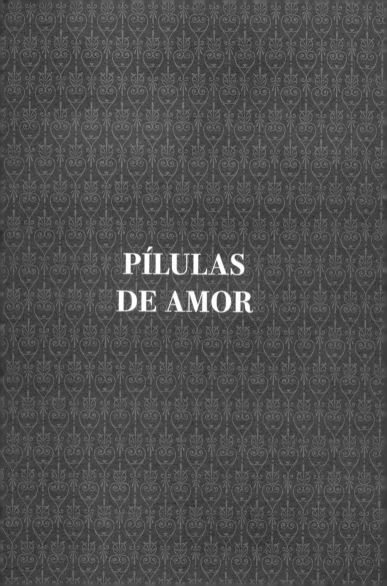

PÍLULAS
DE AMOR

bebe, a cada dia, uma pílula desse amor que te conecta ao essencial, e deixa fluir de ti a linfa pura que carreia vida

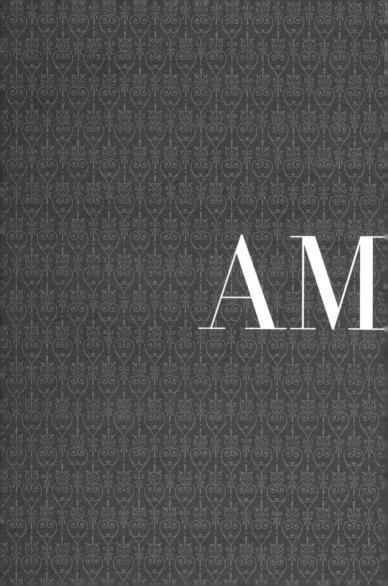

pílulas de
AMOR
© 2016–2025
by Ame Editora

DIREITOS AUTORAIS
Associação Médico-Espírita de Minas Gerais
Rua Conselheiro Joaquim Caetano, 1162 Nova Granada
30431-320 Belo Horizonte MG
31 3332 5293 www.amemg.com.br

DIREITOS DE EDIÇÃO
Organizações Candeia Ltda.
CNPJ 03 784 317/0001-54 IE 260 136 150 118
R. Minas Gerais, 1520 Vila Rodrigues
15 801-280 Catanduva SP
17 3524 9801 www.intervidas.com

EDIÇÕES

Ame	InterVidas
1.ª ed., 1.ª tir., Ago/2016, 2 mil exs.	1.ª ed., 1.ª tir., Mar/2025,
1.ª ed., 2.ª tir., Mai/2017, 2 mil exs.	1,5 mil exs.
1.ª ed., 3.ª tir., Out/2020, 1 mil exs.	

DIRETOR EDITORIAL	CONSELHO EDITORIAL
Andrei Moreira	Andrei Moreira, Grazielle Serpa,
	Roberto Lúcio Vieira de Souza

Dados Internacionais de Catalogação na Publicação
[CIP BRASIL]

M838p
MOREIRA, Andrei [*1979]
  Pílulas de amor
  Andrei Moreira, Espírito Dias da Cruz
  Catanduva, SP: InterVidas, 2025
  176 p. ; 11 × 15,5 × 1 cm

  ISBN 978 85 60960 39 2

1. Amor   2. Saúde   3. Espiritualidade
4. Emoções   5. Autoconhecimento
6. Desenvolvimento pessoal   7. Psicologia aplicada

I. Moreira, Andrei [1979–].   II. Espírito Dias da Cruz
III. Título

CDD 158.1   CDU 159.942

ÍNDICES PARA CATÁLOGO SISTEMÁTICO
1. Autoconhecimento : Desenvolvimento pessoal :
Psicologia aplicada   158.1

DIRETOR GERAL
Ricardo Pinfildi

DIRETOR EDITORIAL
Ary Dourado

ASSISTENTE EDITORIAL
Thiago Barbosa

CONSELHO EDITORIAL
Ary Dourado, Ricardo Pinfildi,
Rubens Silvestre, Thiago Barbosa

Impresso no Brasil   *Printed in Brazil*   Presita en Brazilo

COLOFÃO

TÍTULO
Pílulas de amor

AUTORIA
Andrei Moreira
Espírito Dias da Cruz

EDIÇÃO
1.ª edição

EDITORA
InterVidas [Catanduva, SP]

ISBN
978 85 60960 39 2

PÁGINAS
176

TAMANHO MIOLO
11 × 15,5 cm

TAMANHO CAPA
11,2 × 15,5 × 1 cm
[orelhas 6 cm]

REVISÃO
Elza Silveira

**CAPA & PROJETO GRÁFICO
ORIGINAL**
Leonardo Ferreira | Kartuno

DIAGRAMAÇÃO ORIGINAL
Rodrigo Guimarães | Kartuno

CAPA ADAPTADA
Ary Dourado

**PROJETO GRÁFICO
ADAPTADO**
Ary Dourado

DIAGRAMAÇÃO
Ary Dourado

TIPOGRAFIA CAPA
(Emigre) Filosofia Bold
(ParaType) Bodoni PT VF

**TIPOGRAFIA TEXTO
PRINCIPAL**
(Emigre) Filosofia Regular 11/14

TIPOGRAFIA CITAÇÃO
(Emigre) Filosofia Italic 11/14

TIPOGRAFIA TÍTULO
(ParaType) Bodoni PT VF
Subhead Bold 22/28

**TIPOGRAFIA DADOS
& COLOFÃO**
(Emigre) Filosofia Bold 7/9

TIPOGRAFIA FÓLIO
(ParaType) Bodoni PT VF Bold
9/14

MANCHA
67,2 × 111,9 mm 23 linhas
[sem fólio]

MARGENS
18,3 : 17,2 : 24,4 : 25,8 mm
[interna : superior :
externa : inferior]

COMPOSIÇÃO
Adobe InDesign 20.1
[macOS Sequoia 15.3]

PAPEL MIOLO
ofsete Sylvamo Chambril Book
75 g/m²

PAPEL CAPA
cartão Ningbo Fold C1S 250 g/m²

CORES MIOLO
1 × 1: Pantone 3517 U

CORES CAPA
4 × 1: CMYK × Pantone 3517 U

TINTA MIOLO & CAPA
Sun Chemical SunLit Diamond

PRÉ-IMPRESSÃO CTP
Kodak Trendsetter 800
Platesetter

PROVAS MIOLO & CAPA
Epson SureColor P6000

IMPRESSÃO
processo ofsete

IMPRESSÃO MIOLO
Komori Lithrone S40P
Komori Lithrone LS40
Heidelberg Speedmaster SM
102-2

IMPRESSÃO CAPA
Heidelberg Speedmaster XL 75

ACABAMENTO MIOLO
cadernos de 32 e 16 pp.,
costurados e colados

ACABAMENTO CAPA
brochura com orelhas, laminação
BOPP fosco, verniz UV brilho
com reserva

**PRÉ-IMPRESSOR &
IMPRESSOR**
Gráfica Santa Marta
[São Bernardo do Campo, SP]

TIRAGEM
1,5 mil exemplares

TIRAGEM ACUMULADA
6,5 mil exemplares

PRODUÇÃO
março de 2025

 ameeditora  ameeditora

ameeditora.com.br

Infinda e InterVidas são selos editoriais
das Organizações Candeia

 intervidas  @editoraintervidas

 intervidas.com

CONHEÇA AS OUTRAS OBRAS DO AUTOR

andreimoreira.com @DrAndreiMoreira

 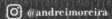

@andreimoreira1 @andreimoreira

O autor cedeu integralmente os direitos
autorais à AMEMG para manutenção
de suas atividades assistenciais

Ótimos livros podem mudar o mundo.
Livros impressos em papel certificado
FSC® de fato o mudam.